AF200013

Impressum
Verlag: BABADADA GmbH, Nedderfeld 112 , 22529 Hamburg
Geschäftsführer / Verlagsleitung: Harald Hof
Druck: Books on Demand GmbH, In de Tarpen 42, 22848 Norderstedt

Imprint
Publisher: BABADADA GmbH, Nedderfeld 112 , 22529 Hamburg, Germany
Managing Director / Publishing direction: Harald Hof
Print: Books on Demand GmbH, In de Tarpen 42, 22848 Norderstedt

Schule

學校

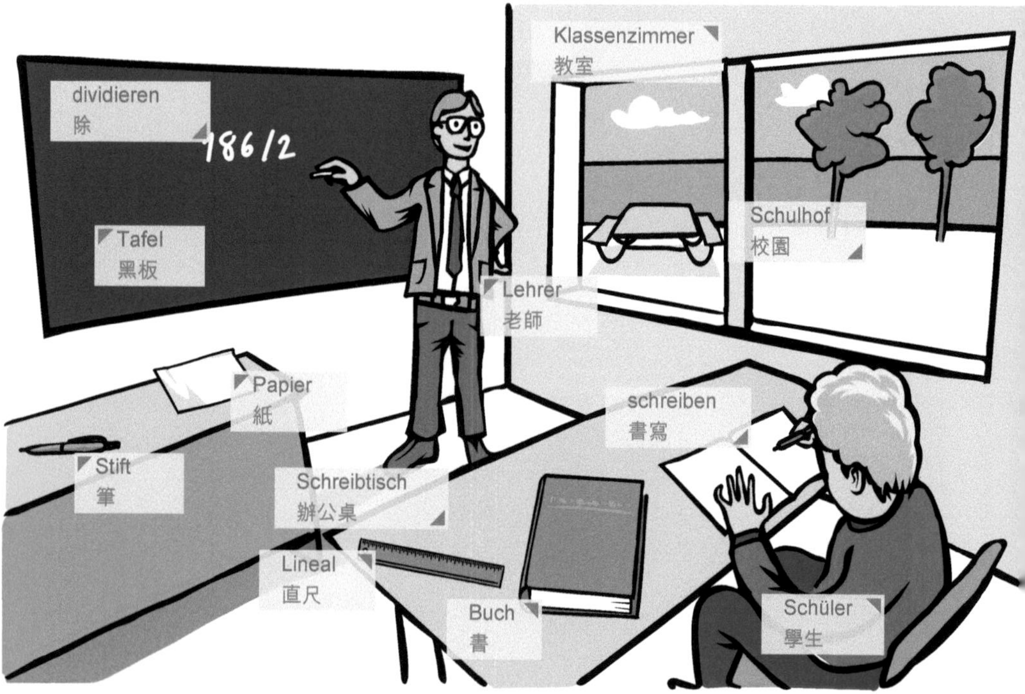

Klassenzimmer
教室
dividieren
除
186/2
Tafel
黑板
Schulhof
校園
Lehrer
老師
Papier
紙
schreiben
書寫
Stift
筆
Schreibtisch
辦公桌
Lineal
直尺
Buch
書
Schüler
學生

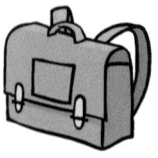

Ranzen

書包

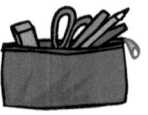

Federmappe

鉛筆盒

Bleistift

鉛筆

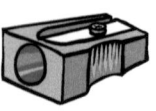

Bleistiftanspitzer

削鉛筆機

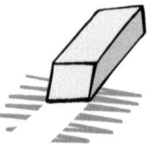

Radiergummi

橡皮擦

Zeichenblock

畫板

Zeichnung
圖畫

Pinsel
畫筆

Malkasten
顏料盒

Schere
剪刀

Klebstoff
膠水

Übungsheft
練習冊

Hausaufgabe
家庭作業

Zahl
數字

addieren
加

subtrahieren
減

multiplizieren
乘

rechnen
計算

Buchstabe
字母

Alphabet
字母表

Wort
字

Text

課文

lesen

讀

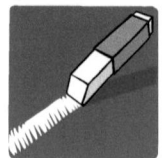

Kreide

粉筆

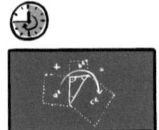

Stunde

上課

Klassenbuch

登記

Prüfung

考試

Zeugnis

證書

Schuluniform

校服

Ausbildung

教育

Lexikon

百科全書

Universität

大學

Mikroskop

顯微鏡

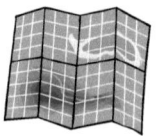

Karte

地圖

Papierkorb

廢紙簍

Reise
旅行

Hotel
飯店
Grand
Herberge
青年旅社
ROOMS
Wechselstube
外幣兌換處
Auto
汽車

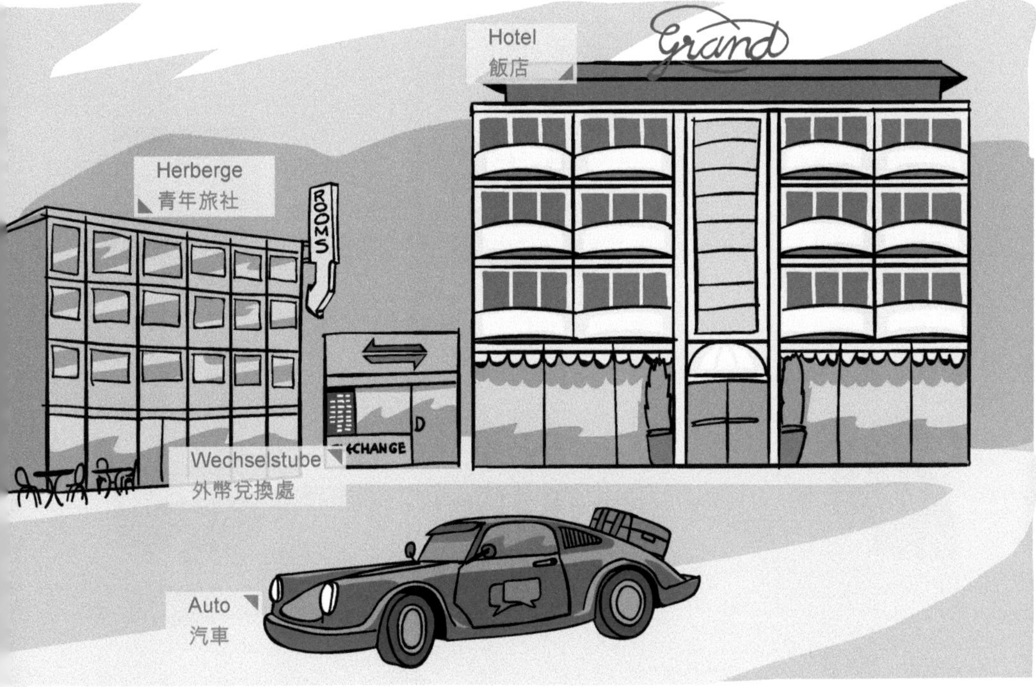

Sprache

語言

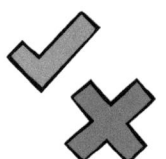

ja / nein

是/否

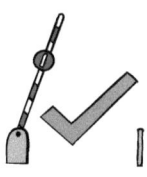

Okay

好的

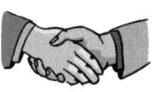

Hallo

您好

Übersetzer

翻譯人員

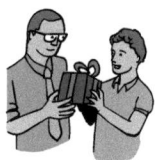

Danke

謝謝

Was kostet…?

……多少錢？

Ich verstehe nicht

我不明白

Problem

問題

Guten Abend!

晚上好！

Guten Morgen!

早上好！

Gute Nacht!

晚安！

Auf Wiedersehen

再見

Richtung

方向

Gepäck

行李

Tasche

包

Rucksack

背包

Gast

客人

Zimmer

房間

Schlafsack

睡袋

Zelt

帳篷

Touristeninformation

旅行資訊

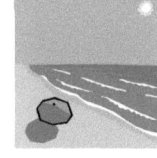

Strand

海灘

Kreditkarte

信用卡

Frühstück

早餐

Mittagessen

午餐

Abendessen

晚餐

Fahrkarte

票

Fahrstuhl

電梯

Briefmarke

郵票

Grenze

邊界

Zoll

海關

Botschaft

大使館

Visum

簽證

Pass

護照

Transport
交通運送

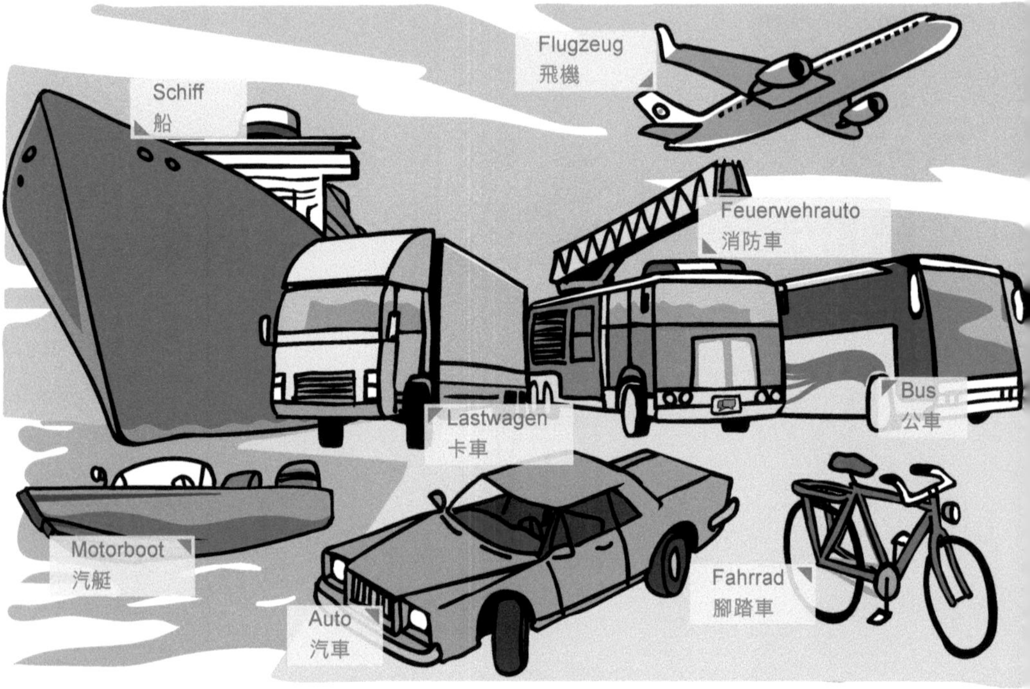

Flugzeug
飛機
Schiff
船
Feuerwehrauto
消防車
Bus
公車
Lastwagen
卡車
Motorboot
汽艇
Fahrrad
腳踏車
Auto
汽車

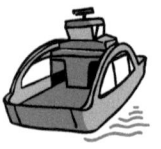

Fähre
渡輪

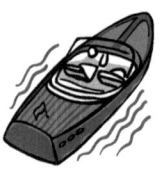

Boot
小船

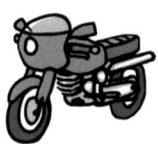

Motorrad
機車

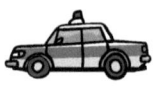

Polizeiauto
警車

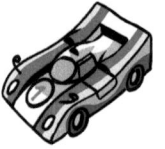

Rennauto
賽車

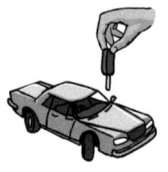

Mietwagen
租車

Carsharing

拼車

Abschleppwagen

拖車

Müllauto

垃圾車

Motor

馬達

Kraftstoff

汽油

Tankstelle

加油站

Verkehrsschild

交通標識

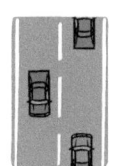

Verkehr

交通

Stau

交通堵塞

Parkplatz

停車場

Bahnhof

火車站

Schienen

軌道

Zug

火車

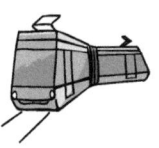

Straßenbahn

路面電車

Wagon

客車廂

Helikopter

直升機

Flughafen

機場

Tower

塔

Passagier

乘客

Container

集裝箱

Karton

紙板箱

Karren

手推車

Korb

籃子

starten / landen

起飛/降落

Stadt

城市

Dorf

村莊

Stadtzentrum

市中心

Haus

房子

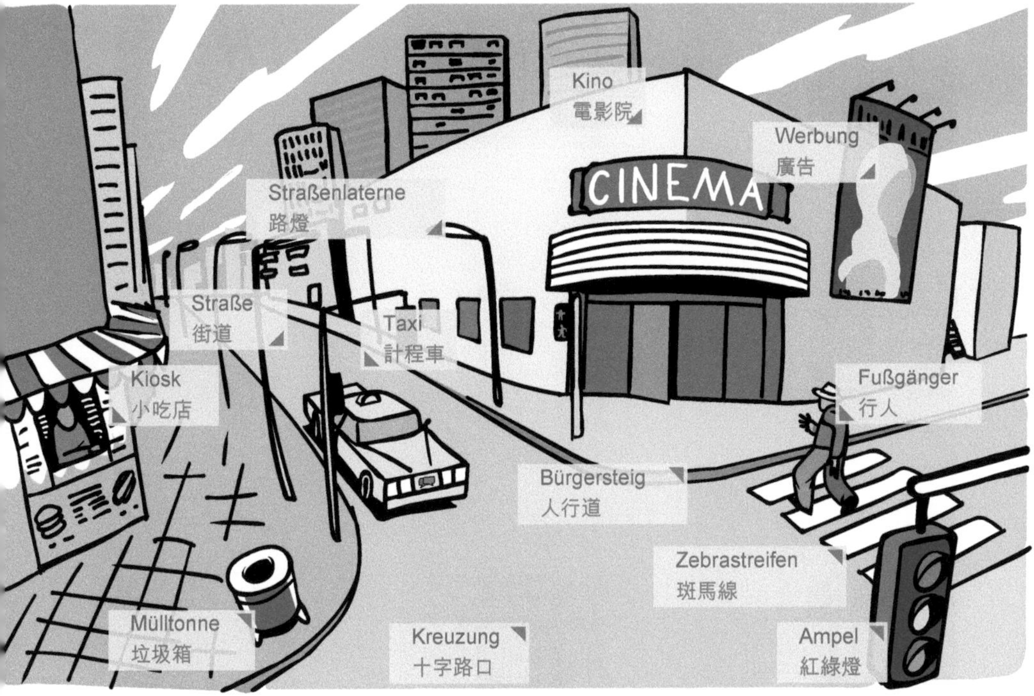

CINEMA
Kino
電影院
Werbung
廣告
Straßenlaterne
路燈
Straße
街道
Taxi
計程車
Kiosk
小吃店
Fußgänger
行人
Bürgersteig
人行道
Zebrastreifen
斑馬線
Mülltonne
垃圾箱
Kreuzung
十字路口
Ampel
紅綠燈

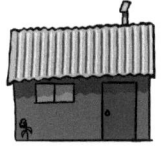

Hütte

小屋

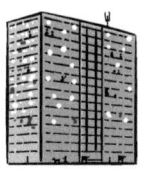

Wohnung

公寓

Bahnhof

火車站

Rathaus

市政廳

MUSEUM

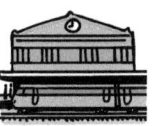

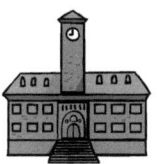

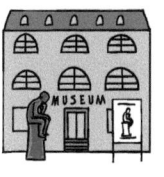

Museum

博物館

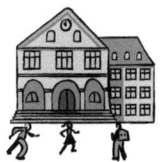

Schule

學校

Universität

大學

Bank

銀行

Krankenhaus

醫院

Hotel

飯店

Apotheke

藥房

Büro

辦公室

Buchhandlung

書店

Geschäft

商店

Blumenladen

花店

Supermarkt

超市

Markt

市場

Kaufhaus

百貨商店

Fischhändler

魚店

Einkaufszentrum

購物中心

Hafen

海港

Park

公園

Bank

長凳

Brücke

橋

Treppe

樓梯

U-Bahn

捷運

Tunnel

隧道

Bushaltestelle

公車站

Bar

酒吧

Restaurant

餐館

Briefkasten

郵筒

Straßenschild

路標

Parkuhr

停車計時器

Zoo

動物園

Badeanstalt

游泳池

Moschee

清真寺

Bauernhof

農場

Umweltverschmutzung

污染

Friedhof

墓地

Kirche

教堂

Spielplatz

操場

Tempel

寺廟

Landschaft

地形

Wegweiser
指示牌

Weg
路

Wiese
草地

Stein
石頭

Baum
樹

Wanderer
徒步旅行者

Fluss
河

Gras
草

Blume
花

Tal
峽谷

Berg
丘陵

See
湖

Wald
森林

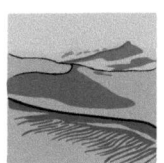

Wüste
沙漠

Vulkan
火山

Schloss
城堡

Regenbogen
彩虹

Pilz
蘑菇

Palme
棕櫚樹

Moskito
蚊子

Fliege
蒼蠅

Ameise
螞蟻

Biene
蜜蜂

Spinne
蜘蛛

Käfer

甲蟲

Frosch

青蛙

Eichhörnchen

松鼠

Igel

刺蝟

Hase

野兔

Eule

貓頭鷹

Vogel

鳥

Schwan

天鵝

Wildschwein

野豬

Hirsch

鹿

Elch

麋鹿

Staudamm

水壩

Windrad

風力發電機

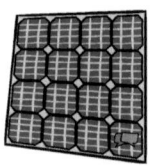

Solarmodul

太陽能電池板

Klima

氣候

Restaurant
餐館

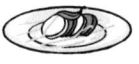

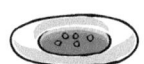

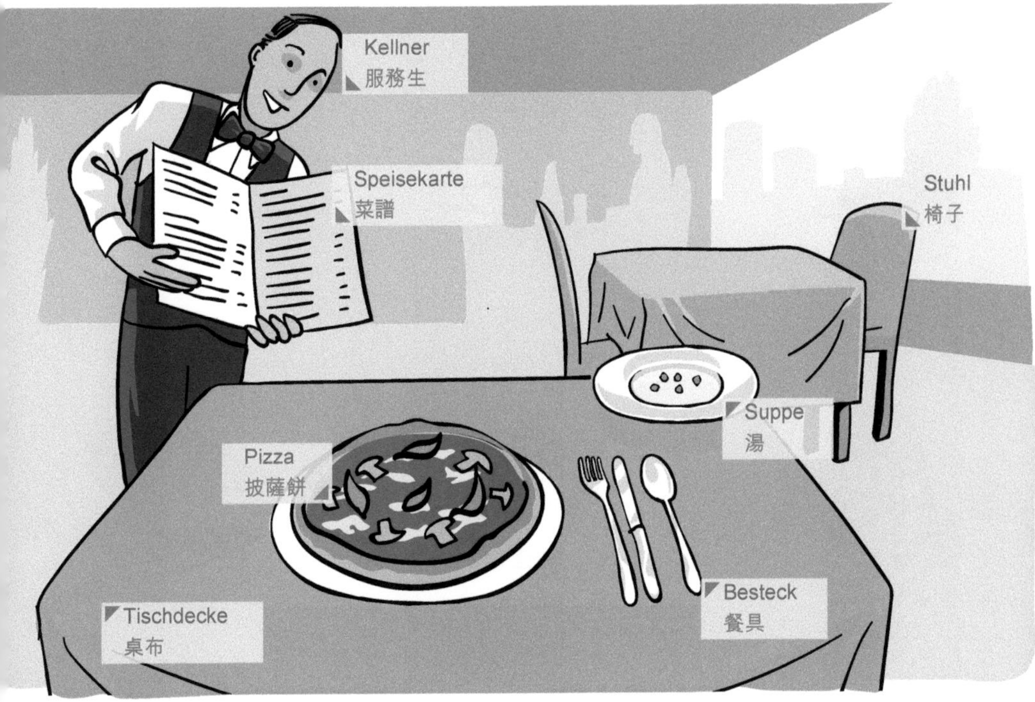
Kellner
服務生
Speisekarte
菜譜
Stuhl
椅子
Suppe
湯
Pizza
披薩餅
Besteck
餐具
Tischdecke
桌布

Vorspeise

前菜

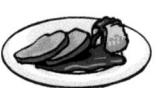

Hauptgericht

主菜

Nachspeise

甜點

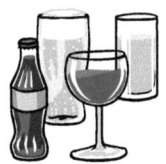

Getränke

飲料

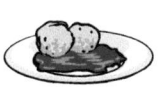

Essen

食物

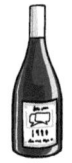

Flasche

瓶子

Fastfood

速食

Streetfood

街邊小吃

Teekanne

茶壺

Zuckerdose

糖盒

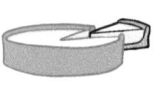

Portion

一份飯菜

Espressomaschine

義式咖啡機

Hochstuhl

高腳椅

Rechnung

帳單

Tablett

托盤

Messer

刀

Gabel

餐叉

Löffel

勺子

Teelöffel

茶匙

Serviette

餐巾

Glas

玻璃杯

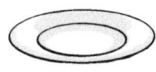

Teller

碟子

Suppenteller

湯盤

Untertasse

碟子

Sauce

醬

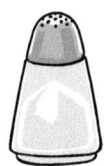

Salzstreuer

鹽瓶

Pfeffermühle

胡椒研磨罐

Essig

醋

Öl

食用油

Gewürze

調味料

Ketchup

番茄醬

Senf

芥末

Mayonnaise

美乃滋

Supermarkt

超市

Angebot
特價
FOR
Kunde
顧客
Milchprodukte
乳製品
Obst
水果
Einkaufswagen
購物車

BUTCHERS

Schlachterei

肉鋪

BAKERY

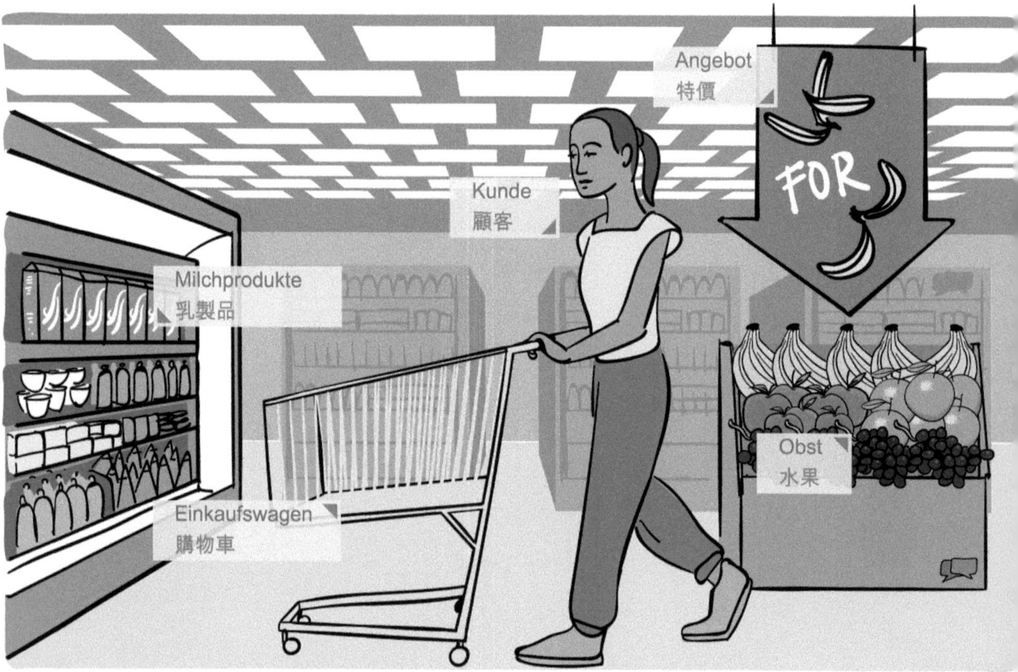

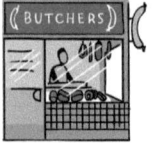

Bäckerei

麵包店

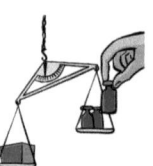

wiegen

稱重

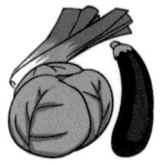

Gemüse

蔬菜

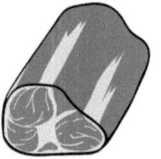

Fleisch

肉

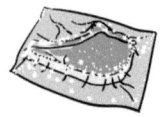

Tiefkühlkost

冷凍食品

Aufschnitt

冷盤

Konserven

罐頭食品

Waschmittel

洗衣粉

Süßigkeiten

甜食

Haushaltsartikel

日用品

Reinigungsmittel

清潔用品

Verkäuferin

銷售員

Kasse

收銀機

Kassierer

收銀員

Einkaufsliste

購物清單

Öffnungszeiten

開放時間

Brieftasche

錢包

Kreditkarte

信用卡

Tasche

袋子

Plastiktüte

塑膠袋

Getränke
飲料

Wasser

水

Saft

果汁

Milch

牛奶

Cola

可樂

Wein

紅酒

Bier

啤酒

Alkohol

酒

Kakao

可可

Tee

茶

Kaffee

咖啡

Espresso

義式濃縮咖啡

Cappuccino

卡布奇諾

Banane

香蕉

Apfel

蘋果

Orange

柳丁

Melone

西瓜

Zitrone

檸檬

Karotte

胡蘿蔔

Knoblauch

大蒜

Bambus

竹子

Zwiebel

洋蔥

Pilz

蘑菇

Nüsse

堅果

Nudeln

麵條

Spaghetti

義大利麵

Reis

米飯

Salat

沙拉

Pommes frites

薯條

Bratkartoffeln

炸馬鈴薯

Pizza

披薩餅

Hamburger

漢堡

Sandwich

三明治

Schnitzel

炸豬排

Schinken

火腿

Salami

義大利臘腸

Wurst

香腸

Huhn

雞肉

Braten

烤肉

Fisch

魚

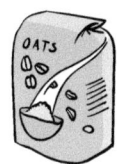

Haferflocken

燕麥片

Müsli

木斯里

Cornflakes

玉米片

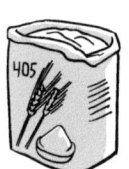

Mehl

麵粉

Croissant

牛角麵包

Brötchen

麵包捲

Brot

麵包

Toast

吐司

Kekse

餅乾

Butter

奶油

Quark

凝乳

Kuchen

蛋糕

Ei

蛋

Spiegelei

煎蛋

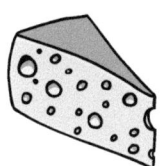

Käse

起司

Eiscreme

冰淇淋

Zucker

糖

Honig

蜂蜜

Marmelade

果醬

Nougat-Creme

巧克力醬

Curry

咖哩

Ziege

山羊

Kuh

奶牛

Kalb

小牛

Schwein

豬

Ferkel

小豬

Bulle

公牛

Gans

鵝

Ente

鴨

Küken

小雞

Huhn

母雞

Hahn

公雞

Ratte

鼠

Katze

貓

Maus

老鼠

Ochse

牛

Hund

狗

Hundehütte

狗屋

Gartenschlauch

花園澆水軟管

Gießkanne

澆水壺

Sense

長柄大鐮刀

Pflug

犁

Sichel

鐮刀

Hacke

鋤頭

Mistgabel

長柄草耙

Axt

斧頭

Schubkarre

獨輪手推車

Trog

飼料槽

Milchkanne

牛奶罐

Sack

麻布袋

Zaun

柵欄

Stall

馬廄

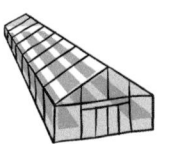

Treibhaus

溫室

Boden

土壤

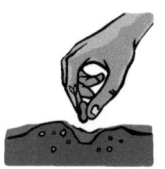

Saat

種子

Dünger

肥料

Mähdrescher

聯合收割機

ernten

收割

Ernte

收割

Yamswurzel

地瓜

Weizen

小麥

Soja

大豆

Kartoffel

土豆

Mais

玉米

Raps

油菜籽

Obstbaum

果樹

Maniok

樹薯

Getreide

穀物

Haus
房子

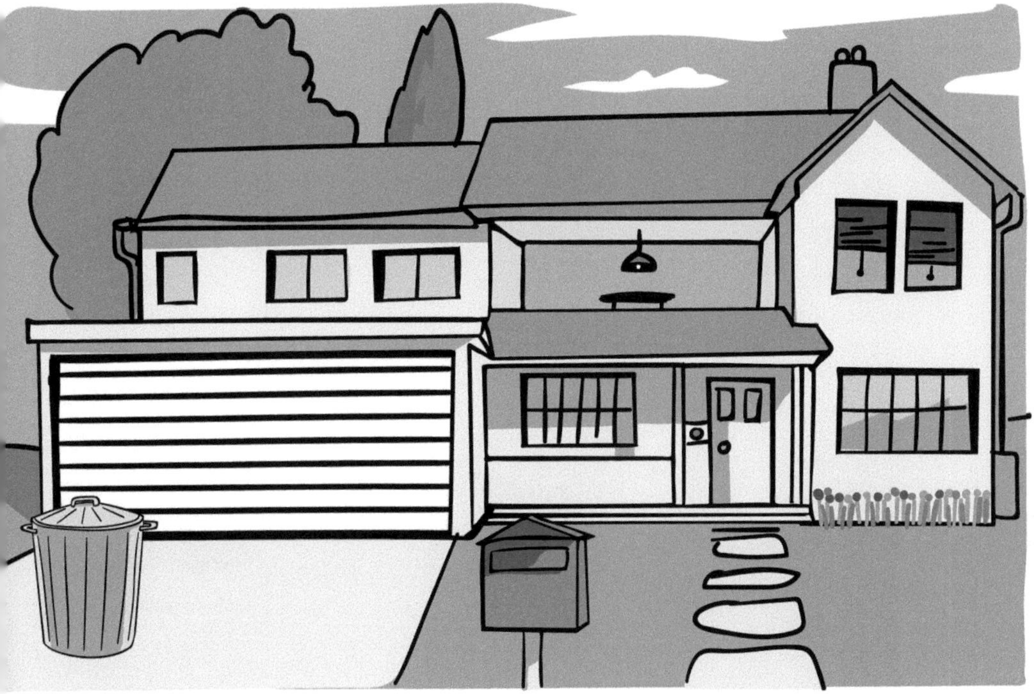

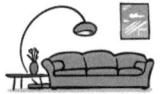

Wohnzimmer

客廳

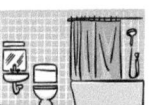

Badezimmer

浴室

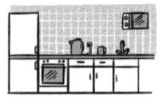

Küche

廚房

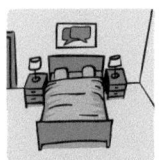

Schlafzimmer

臥室

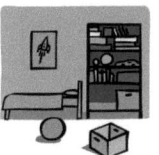

Kinderzimmer

兒童房

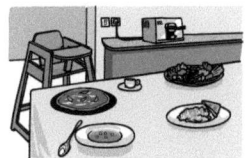

Esszimmer

餐廳

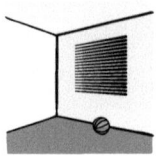

Boden
地板

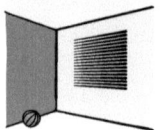

Wand
牆壁

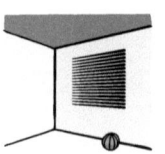

Decke
天花板

Keller
地窖

Sauna
三溫暖

Balkon
陽臺

Terrasse
露臺

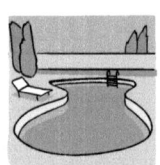

Schwimmbad
游泳池

Rasenmäher
割草機

Bettbezug
被單

Bettdecke
床罩

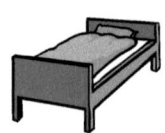

Bett
床

Besen
掃帚

Eimer
水桶

Schalter
開關

Wohnzimmer
客廳

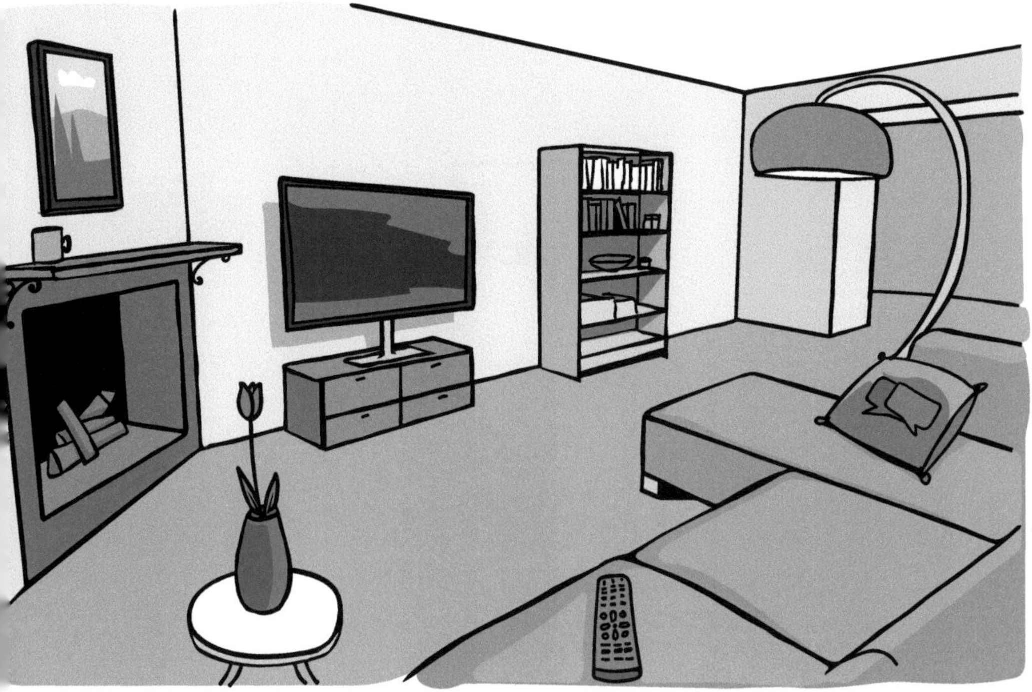

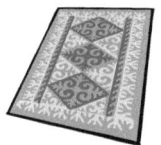

Teppich

地毯

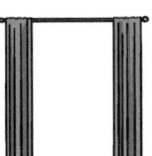

Vorhang

窗簾

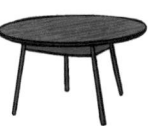

Tisch

餐桌

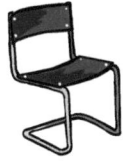

Stuhl

椅子

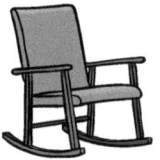

Schaukelstuhl

搖椅

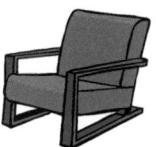

Sessel

扶手椅

Buch

書

Decke

毯子

Dekoration

裝飾品

Feuerholz

木柴

Film

電影

Stereoanlage

高傳真音響

Schlüssel

鑰匙

Zeitung

報紙

Gemälde

油畫

Poster

海報

Radio

收音機

Notizblock

筆記本

Staubsauger

吸塵器

Kaktus

仙人掌

Kerze

蠟燭

Küche
廚房

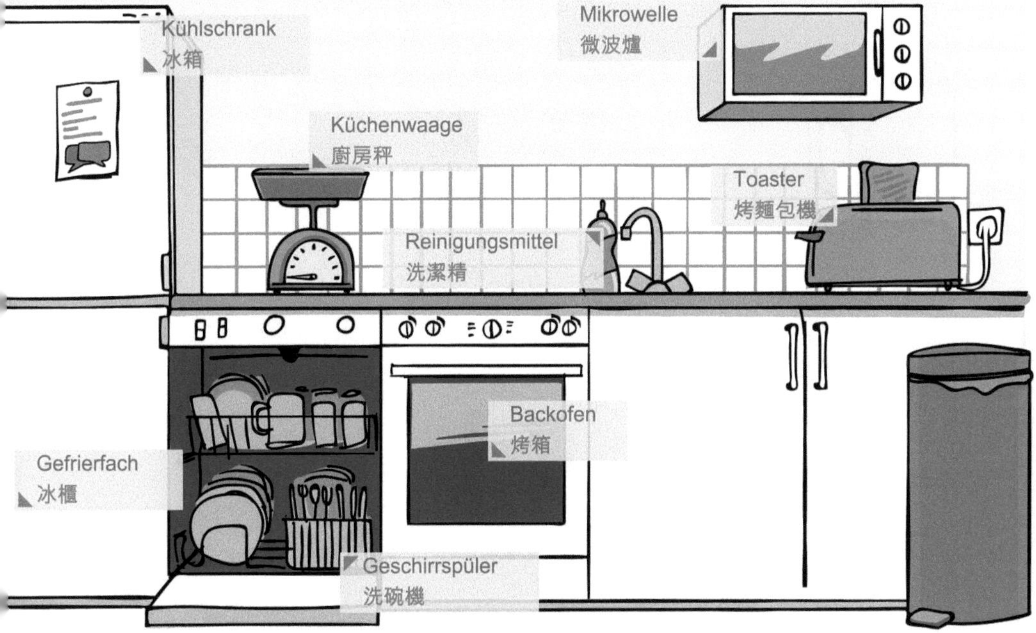

Kühlschrank
冰箱
Mikrowelle
微波爐
Küchenwaage
廚房秤
Toaster
烤麵包機
Reinigungsmittel
洗潔精
Backofen
烤箱
Gefrierfach
冰櫃
Geschirrspüler
洗碗機

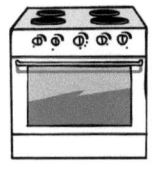

Herd
炊具

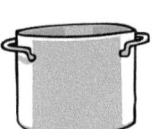

Topf
鍋

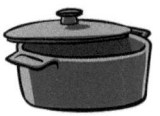

Eisentopf
鑄鐵鍋

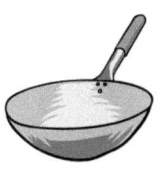

Wok / Kadai
炒鍋

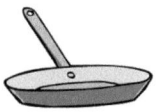

Pfanne
平底鍋

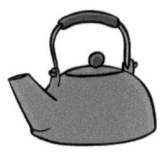

Wasserkocher
水壺

Dampfgarer

蒸鍋

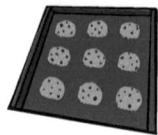

Backblech

烤盤

Geschirr

陶瓷鍋

Becher

馬克杯

Schale

碗

Essstäbchen

筷子

Suppenkelle

長柄勺

Pfannenwender

鏟子

Schneebesen

攪拌器

Kochsieb

濾網

Sieb

篩子

Reibe

磨碎機

Mörser

研缽

Grill

燒烤

Feuerstelle

明火

Schneidebrett

菜板

Nudelholz

擀麵杖

Korkenzieher

開瓶器

Dose

罐子

Dosenöffner

開罐器

Topflappen

隔熱手套

Waschbecken

水槽

Bürste

刷子

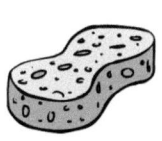

Schwamm

海綿

Mixer

攪拌機

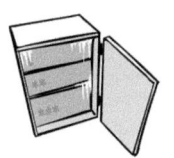

Gefriertruhe

冷藏箱

Babyflasche

奶瓶

Wasserhahn

水龍頭

Badezimmer
浴室

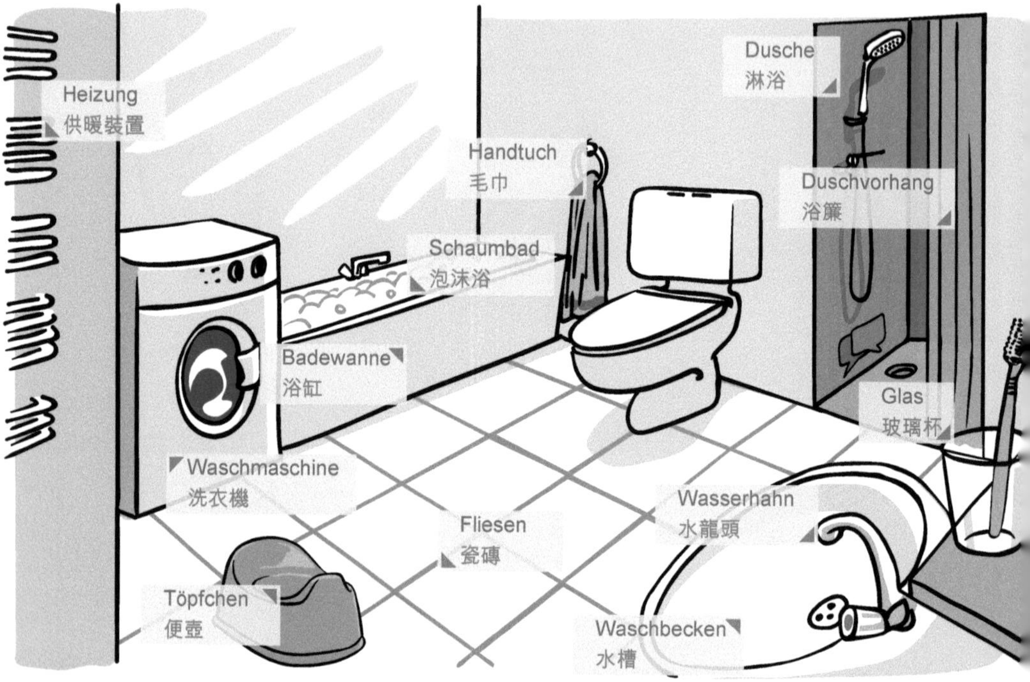

Heizung
供暖裝置
Dusche
淋浴
Handtuch
毛巾
Duschvorhang
浴簾
Schaumbad
泡沫浴
Badewanne
浴缸
Glas
玻璃杯
Waschmaschine
洗衣機
Wasserhahn
水龍頭
Fliesen
瓷磚
Töpfchen
便壺
Waschbecken
水槽

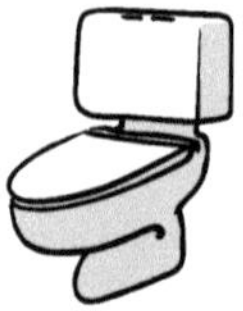
Toilette
廁所

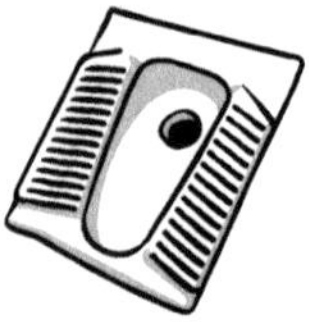
Hocktoilette
蹲便器

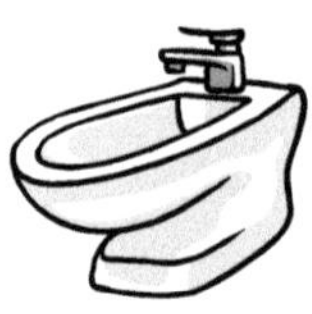
Bidet
坐浴器

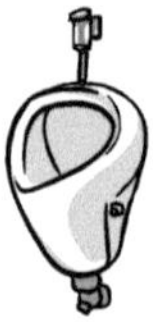
Pissoir
小便斗

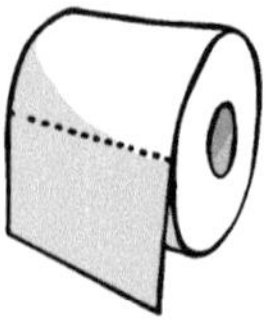
Toilettenpapier
廁紙

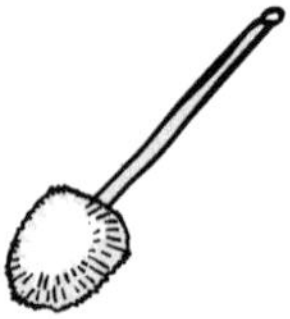
Toilettenbürste
馬桶刷

Zahnbürste

牙刷

Zahnpasta

牙膏

Zahnseide

牙線

waschen

洗

Handbrause

手持式蓮蓬頭

Intimdusche

沖洗器

Waschschüssel

洗臉盆

Rückenbürste

洗背刷

Seife

肥皂

Duschgel

沐浴露

Shampoo

洗髮乳

Waschlappen

法蘭絨

Abfluss

排水

Creme

乳霜

Deodorant

除臭劑

Spiegel

鏡子

Kosmetikspiegel

手鏡

Rasierer

刮鬍刀

Rasierschaum

刮鬍泡沫

Rasierwasser

鬚後水

Kamm

梳子

Bürste

刷子

Föhn

吹風機

Haarspray

噴髮定型劑

Makeup

化妝品

Lippenstift

唇膏

Nagellack

指甲油

Watte

化妝棉

Nagelschere

指甲剪

Parfum

香水

Kulturbeutel

洗漱包

Hocker

凳子

Waage

計重秤

Bademantel

浴袍

Gummihandschuhe

橡膠手套

Tampon

衛生棉條

Damenbinde

衛生棉

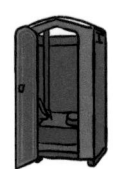

Chemietoilette

化學廁所

Kinderzimmer
兒童房

Wecker
鬧鐘
Kuscheltier
毛絨玩具
Spielzeugauto
玩具車
Rassel
撥浪鼓
Puppenhaus
玩具屋
Geschenk
禮物

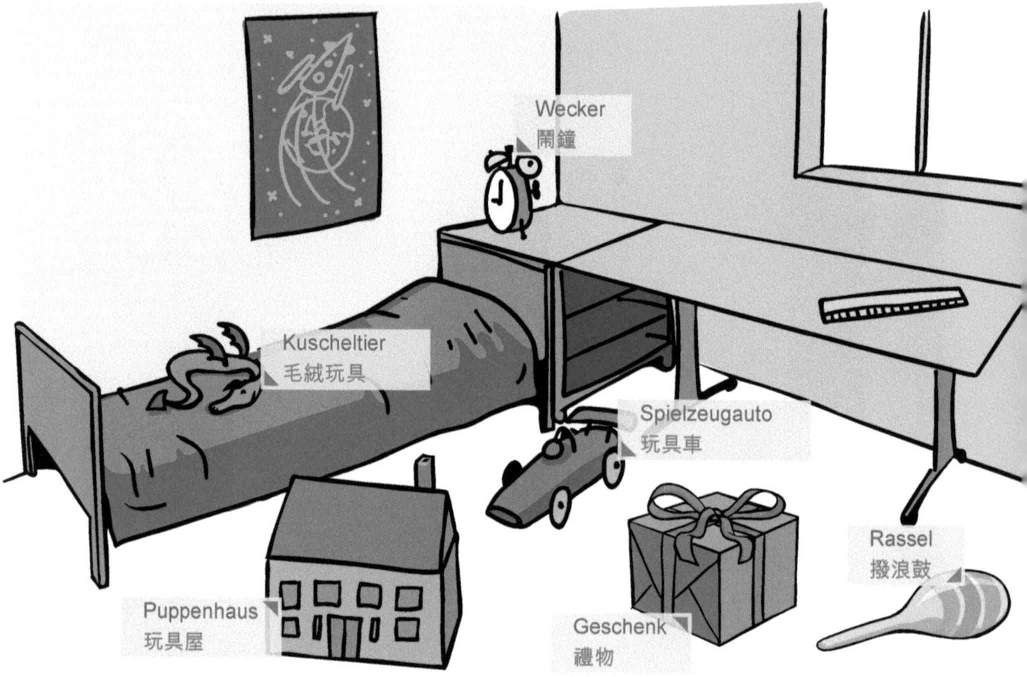

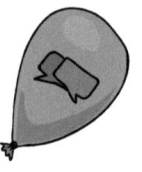

Ballon
氣球

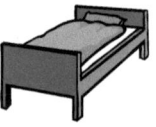

Bett
床

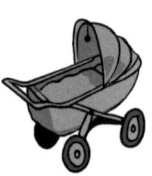

Kinderwagen
嬰兒車

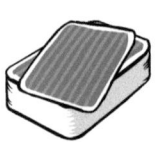

Kartenspiel
撲克牌

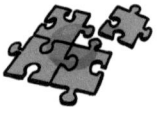

Puzzle
拼圖

Comic
漫畫

Legosteine

樂高積木

Bausteine

積木玩具

Action Figur

公仔

Strampelanzug

嬰兒服

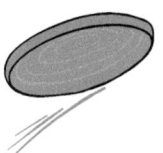

Frisbee

飛盤

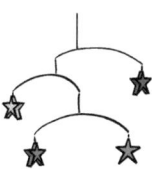

Mobile

床鈴玩具

Brettspiel

棋盤遊戲

Würfel

骰子

Modelleisenbahn

火車模型

Schnuller

安撫奶嘴

Party

派對

Bilderbuch

繪本

Ball

球

Puppe

洋娃娃

spielen

玩

Sandkasten

沙坑

Schaukel

鞦韆

Spielzeug

玩具

Spielkonsole

電玩遊戲

Dreirad

三輪車

Teddy

泰迪熊

Kleiderschrank

衣櫃

Kleidung

衣服

Socken

襪子

Strümpfe

長襪

Strumpfhose

緊身褲

Schal
圍巾

Regenschirm
雨傘

T-Shirt
T恤

Gürtel
皮帶

Stiefel
靴子

Hausschuhe
拖鞋

Turnschuhe
運動鞋

Sandalen
涼鞋

Schuhe
鞋

Gummistiefel
雨靴

Unterhose
內褲

Büstenhalter
胸罩

Unterhemd
背心

Body

身體

Hose

褲子

Jeans

牛仔褲

Rock

短裙

Bluse

女式襯衫

Hemd

襯衫

Pullover

套頭衫

Kapuzenpullover

連帽上衣

Blazer

西裝夾克

Jacke

夾克

Mantel

外套

Regenmantel

雨衣

Kostüm

套裝

Kleid

連衣裙

Hochzeitskleid

婚紗

Anzug
西裝

Nachthemd
睡袍

Schlafanzug
睡衣

Sari
莎麗

Kopftuch
頭巾

Turban
包頭巾

Burka
波卡

Kaftan
卡夫坦

Abaya
(阿拉伯式)長袍

Badeanzug
泳衣

Badehose
男式泳褲

Kurze Hose
短褲

Trainingsanzug
運動服

Schürze
圍裙

Handschuhe
手套

Knopf

鈕扣

Brille

眼鏡

Armband

手鏈

Halskette

項鍊

Ring

戒指

Ohrring

耳環

Mütze

便帽

Kleiderbügel

衣架

Hut

帽子

Krawatte

領帶

Reißverschluss

拉鍊

Helm

安全帽

Hosenträger

背帶

Schuluniform

校服

Uniform

制服

Lätzchen

圍兜

Schnuller

安撫奶嘴

Windel

尿布

Büro

辦公室

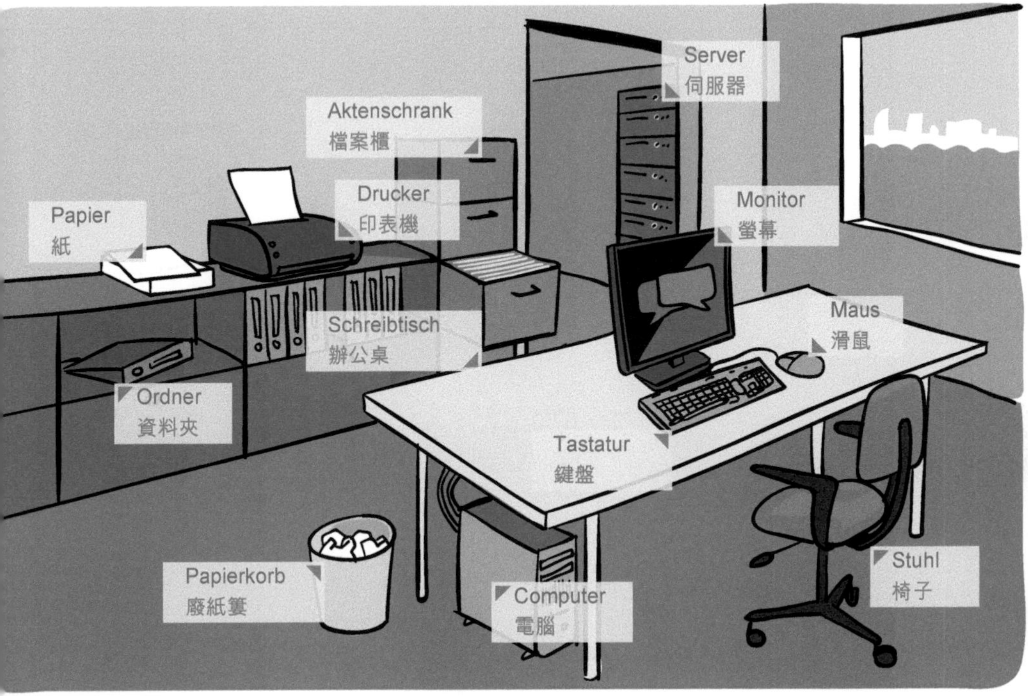

Server
伺服器

Aktenschrank
檔案櫃

Drucker
印表機

Monitor
螢幕

Papier
紙

Schreibtisch
辦公桌

Maus
滑鼠

Ordner
資料夾

Tastatur
鍵盤

Papierkorb
廢紙簍

Stuhl
椅子

Computer
電腦

Kaffeebecher

咖啡杯

Taschenrechner

計算機

Internet

網際網路

Laptop

筆記型電腦

Brief

信件

Nachricht

簡訊

Handy

行動電話

Netzwerk

網路

Kopierer

影印機

Software

軟體

Telefon

電話

Steckdose

插座

Fax

傳真機

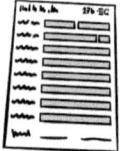

Formular

表格

Dokument

檔案

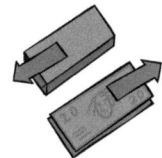

kaufen

買

bezahlen

付錢

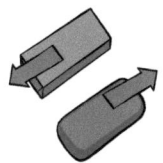

handeln

交易

Geld

現金

Dollar

美元

Euro

歐元

Yen

日元

Rubel

盧布

Franken

瑞士法郎

Renminbi Yuan

人民幣

Rupie

盧比

Geldautomat

提款處

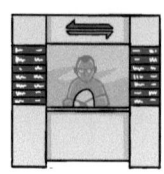

Wechselstube

外幣兌換處

Gold

金

Silber

銀

Öl

石油

Energie

能源

Preis

價格

Vertrag

合約

Steuer

稅金

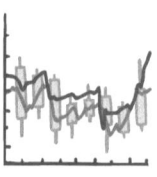

Aktie

股票

arbeiten

工作

Angestellter

職員

Arbeitgeber

老闆

Fabrik

工廠

Geschäft

商店

Berufe
職業

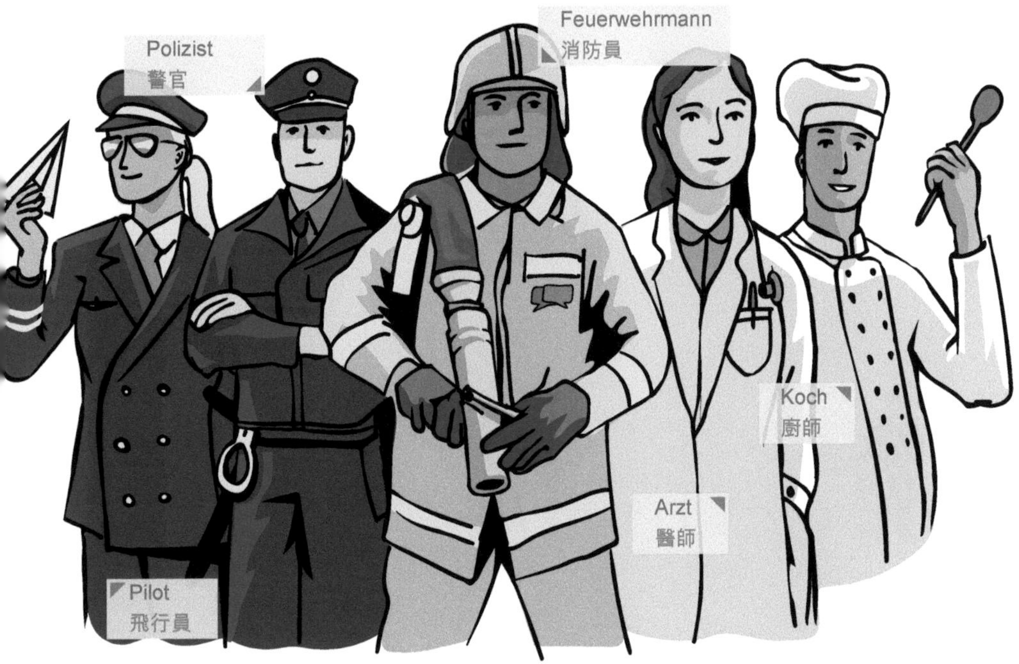
Polizist
警官
Feuerwehrmann
消防員
Koch
廚師
Arzt
醫師
Pilot
飛行員

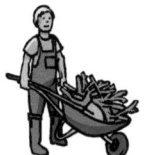

Gärtner

園丁

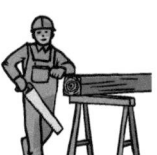

Tischler

木匠

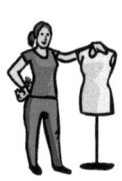

Näherin

裁縫

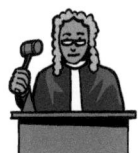

Richter

法官

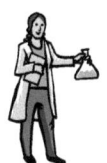

Chemiker

化學家

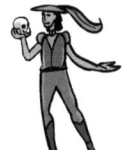

Schauspieler

演員

Busfahrer

公車司機

Taxifahrer

計程車司機

Fischer

漁夫

Putzfrau

清洗女工

Dachdecker

屋頂工

Kellner

服務生

Jäger

獵人

Maler

畫家

Bäcker

麵包師

Elektriker

電工

Bauarbeiter

建築工人

Ingenieur

工程師

Schlachter

屠夫

Klempner

水管工

Postbote

郵差

Soldat

士兵

Architekt

建築師

Kassierer

收銀員

Florist

花農

Friseur

理髮師

Schaffner

售票員

Mechaniker

機械技師

Kapitän

船長

Zahnarzt

牙醫

Wissenschaftler

科學家

Rabbi

拉比

Imam

伊瑪目

Mönch

和尚

Geistlicher

牧師

Werkzeuge

工具

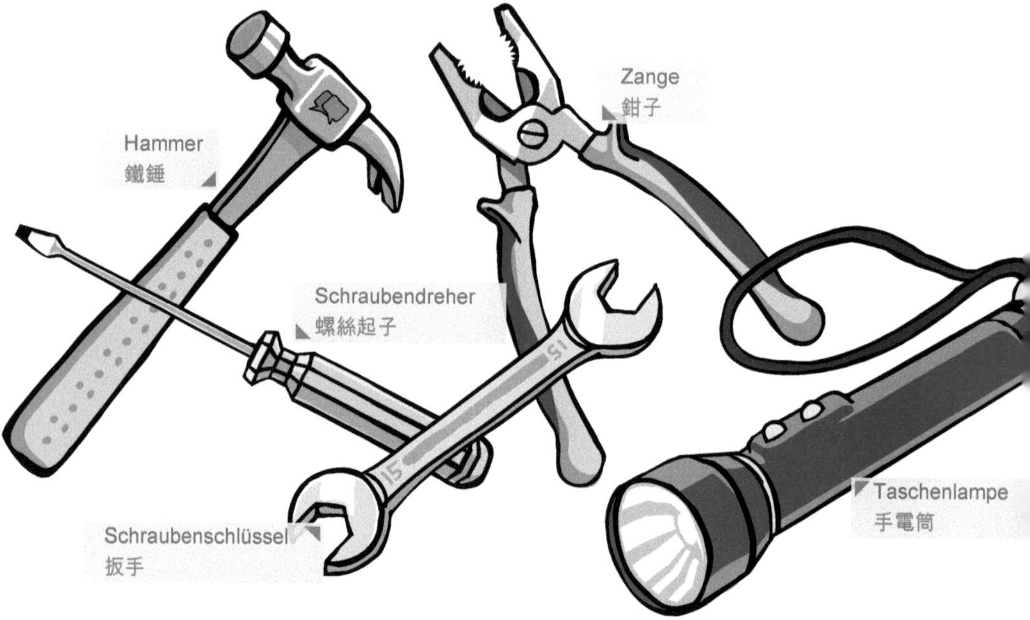
Zange
鉗子
Hammer
鐵錘
Schraubendreher
螺絲起子
Taschenlampe
手電筒
Schraubenschlüssel
扳手
15
15

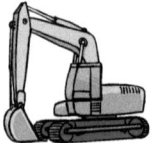

Bagger

挖掘機

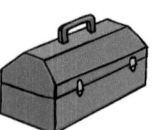

Werkzeugkasten

工具箱

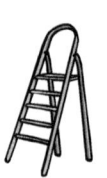

Leiter

梯子

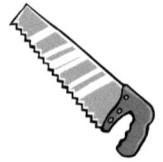

Säge

鋸子

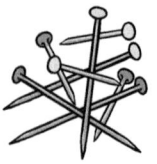

Nägel

釘子

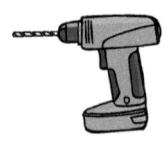

Bohrer

鑽機

reparieren

修

Schaufel

鏟子

Mist!

糟糕！

Kehrblech

畚箕

Farbtopf

油漆桶

Schrauben

螺絲

Musikinstrumente

樂器

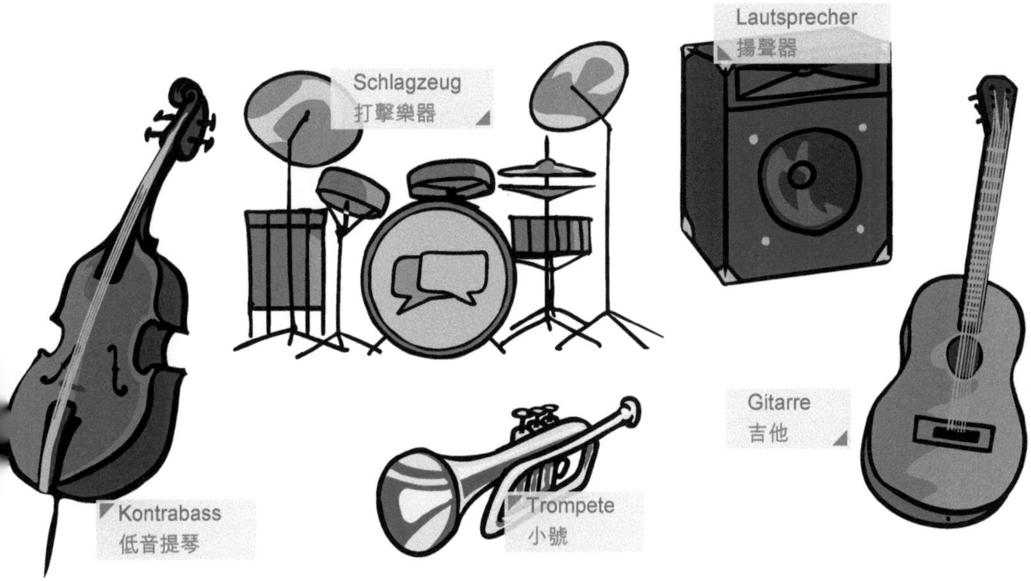

Schlagzeug
打擊樂器

Lautsprecher
揚聲器

Gitarre
吉他

Kontrabass
低音提琴

Trompete
小號

Klavier

鋼琴

Violine

小提琴

Bass

貝斯

Pauke

定音鼓

Trommeln

鼓

Keyboard

電子琴

Saxophon

薩克斯風

Flöte

長笛

Mikrofon

麥克風

Zoo
動物園

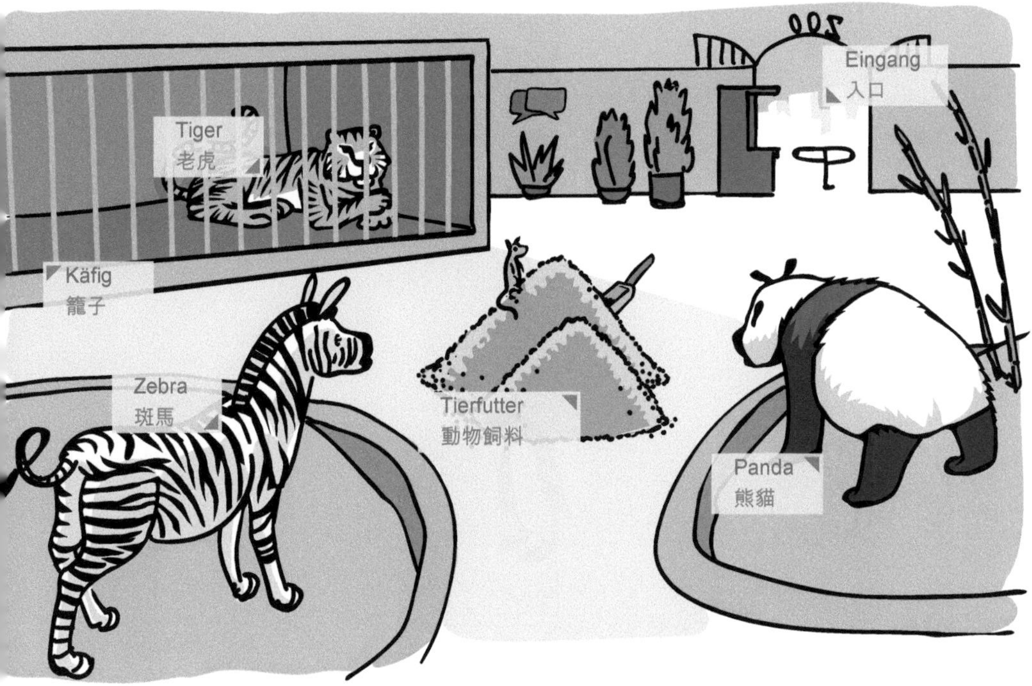

Eingang
入口
Tiger
老虎
Käfig
籠子
Zebra
斑馬
Tierfutter
動物飼料
Panda
熊貓

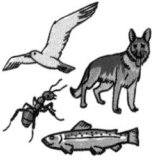

Tiere

動物

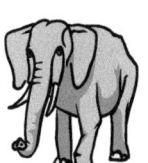

Elefant

大象

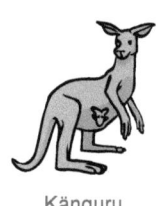

Känguru

袋鼠

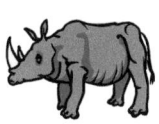

Nashorn

犀牛

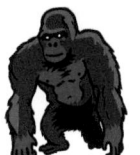

Gorilla

大猩猩

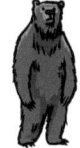

Bär

熊

Kamel

駱駝

Strauß

鴕鳥

Löwe

獅子

Affe

猴子

Flamingo

紅鶴

Papagei

鸚鵡

Eisbär

北極熊

Pinguin

企鵝

Hai

鯊魚

Pfau

孔雀

Schlange

蛇

Krokodil

鱷魚

Zoowärter

動物園管理員

Robbe

海豹

Jaguar

美洲豹

Pony

矮種馬

Leopard

豹

Nilpferd

河馬

Giraffe

長頸鹿

Adler

老鷹

Wildschwein

野豬

Fisch

魚

Schildkröte

龜

Walross

海象

Fuchs

狐狸

Gazelle

羚羊

American Football
橄欖球

Radfahren
騎腳踏車

Tennis
網球

Basketball
籃球

Schwimmen
游泳

Boxen
拳擊

Eishockey
冰球

Fußball
美式足球

Badminton
羽毛球

Leichtathletik
田徑

Handball
手球

Skilaufen
滑雪

Polo
馬球

Aktivitäten
活動

lachen
笑
springen
跳
umarmen
擁抱
gehen
走路
singen
唱
träumen
做夢
beten
祈禱
küssen
親吻

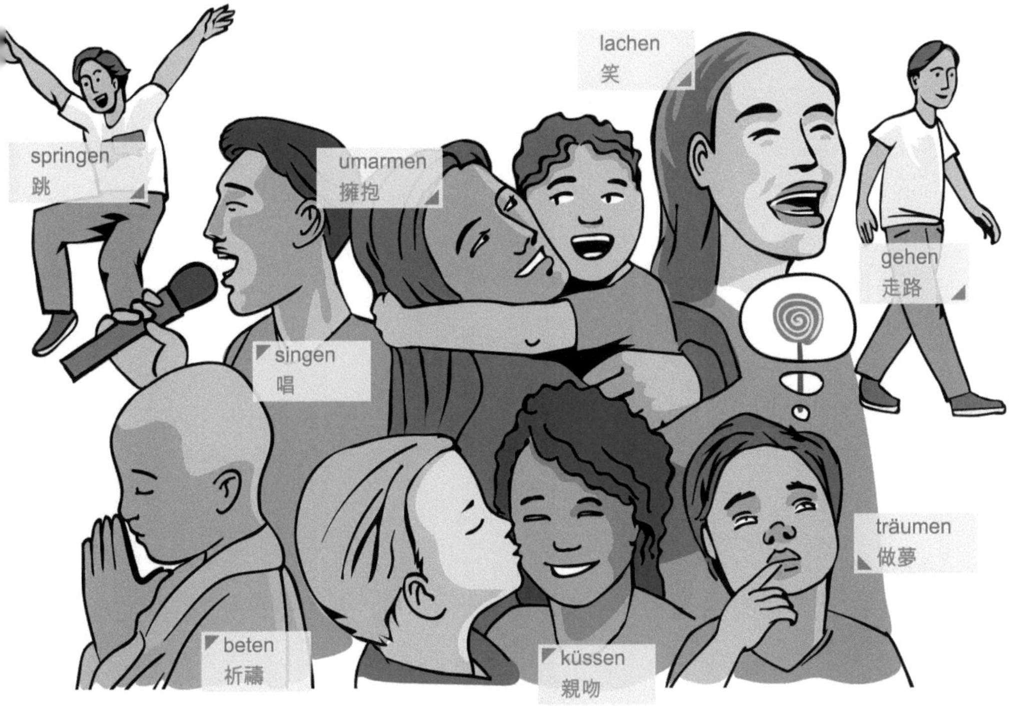

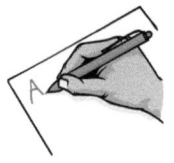

schreiben

書寫

zeichnen

畫

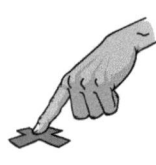

zeigen

展示

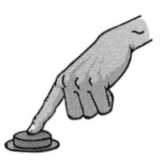

drücken

推

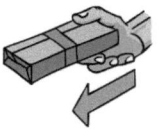

geben

給

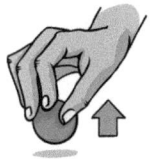

nehmen

拿

haben

有

tun

做

sein

當

stehen

站

laufen

跑

ziehen

拉

werfen

丟

fallen

摔倒

liegen

躺

warten

等待

tragen

攜帶

sitzen

坐

anziehen

穿衣

schlafen

睡覺

aufwachen

醒來

ansehen

看

weinen

哭

streicheln

擊

kämmen

梳頭

reden

交談

verstehen

明白

fragen

問

hören

聽

trinken

喝

essen

吃

aufräumen

清理

lieben

愛

kochen

做飯

fahren

開車

fliegen

飛

Aktivitäten - 活動

segeln

航行

rechnen

計算

lesen

讀

lernen

學習

arbeiten

工作

heiraten

結婚

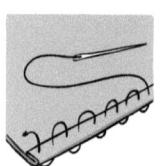

nähen

縫

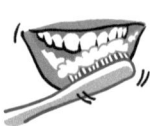

Zähne putzen

刷牙

töten

殺

rauchen

抽菸

senden

寄

Familie

家

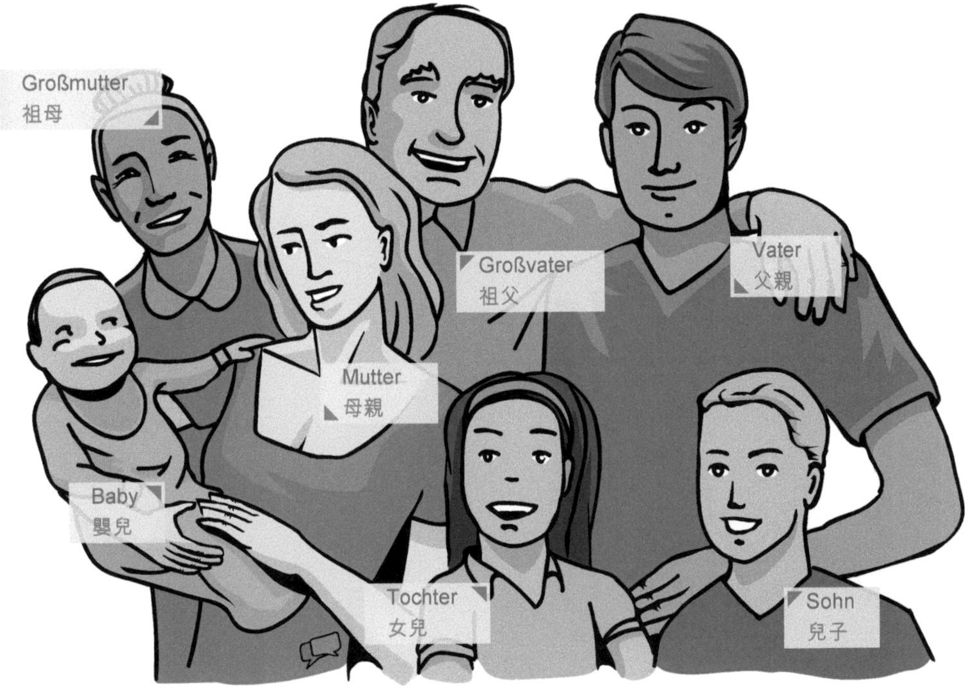
Großmutter
祖母
Großvater
祖父
Vater
父親
Mutter
母親
Baby
嬰兒
Tochter
女兒
Sohn
兒子

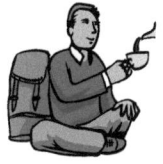

Gast

客人

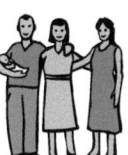

Tante

阿姨

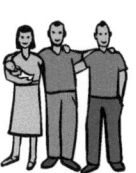

Onkel

叔叔

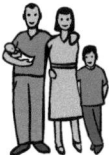

Bruder

兄弟

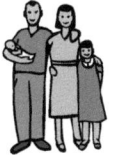

Schwester

姐妹

Körper

身體

Stirn
前額
Auge
眼睛
Schulter
肩膀
Finger
手指
Gesicht
臉
Kinn
下巴
Hand
手
Bein
腿
Brust
乳房
Arm
手臂

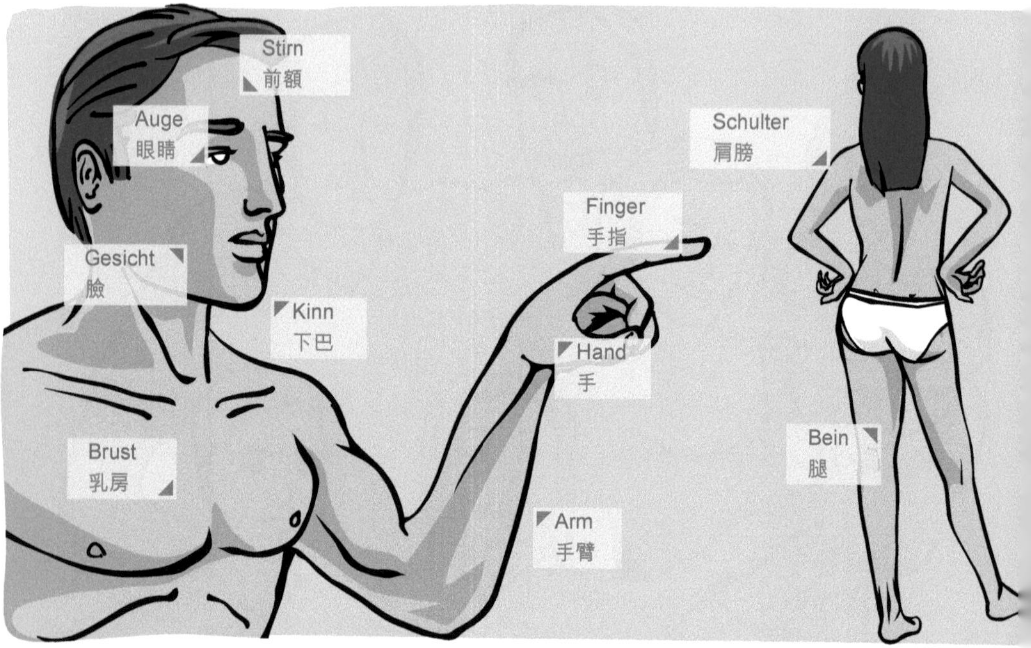

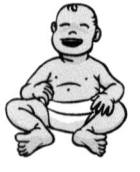

Baby

嬰兒

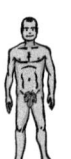

Mann

男人

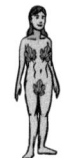

Frau

女人

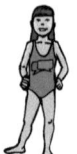

Mädchen

女孩

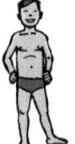

Junge

男孩

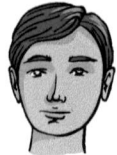

Kopf

頭

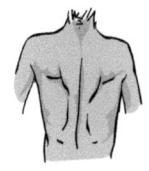

Rücken
背部

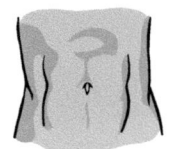

Bauch
肚子

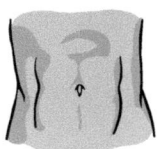

Nabel
肚臍

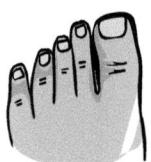

Zeh
腳趾

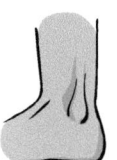

Ferse
腳後跟

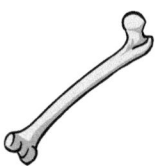

Knochen
骨頭

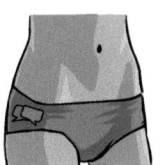

Hüfte
臀部

Knie
膝蓋

Ellenbogen
手肘

Nase
鼻子

Gesäß
屁股

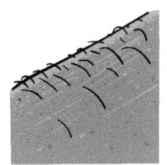

Haut
皮膚

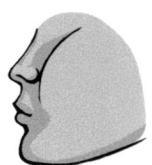

Wange
臉頰

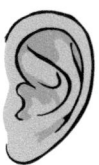

Ohr
耳朵

Lippe
嘴唇

Mund

嘴

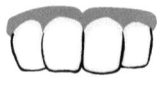

Zahn

牙齒

Zunge

舌頭

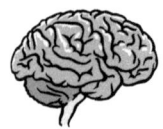

Gehirn

腦

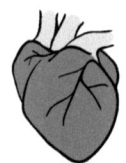

Herz

心臟

Muskel

肌肉

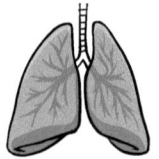

Lunge

肺

Leber

肝臟

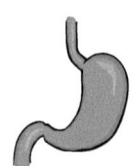

Magen

胃

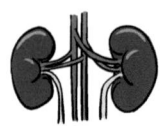

Nieren

腎臟

Geschlechtsverkehr

性交

Kondom

保險套

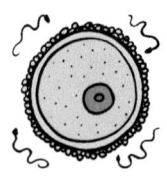

Eizelle

卵子

Sperma

精子

Schwangerschaft

懷孕

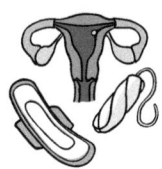

Menstruation

月事

Vagina

陰道

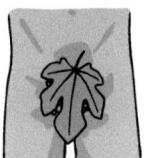

Penis

陰莖

Augenbraue

眉毛

Haar

頭髮

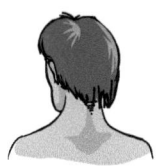

Hals

脖子

Krankenhaus
醫院

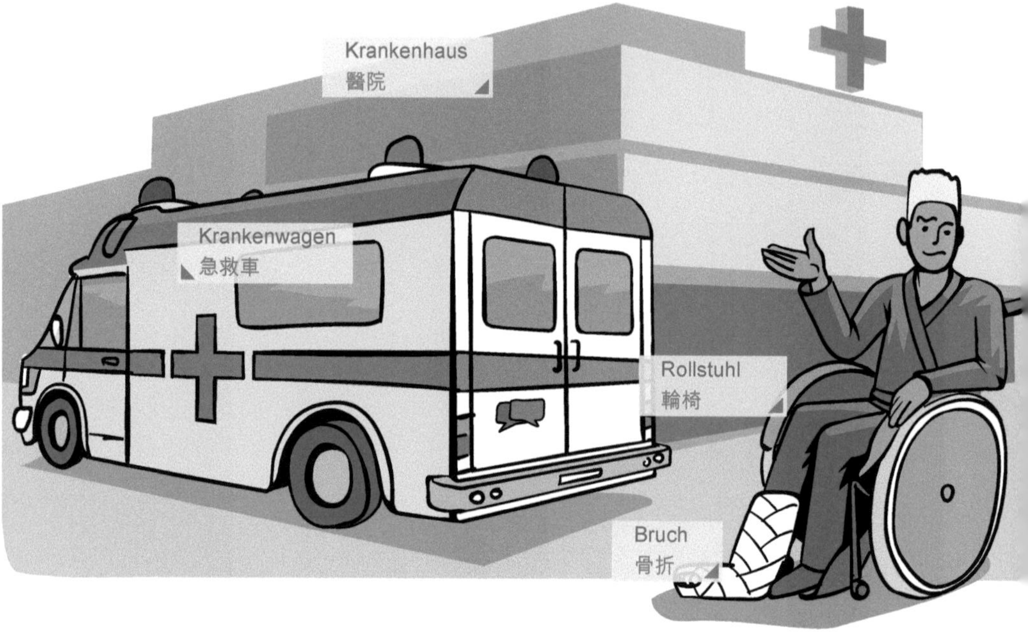

Krankenhaus
醫院
Krankenwagen
急救車
Rollstuhl
輪椅
Bruch
骨折

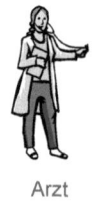

Arzt
醫師

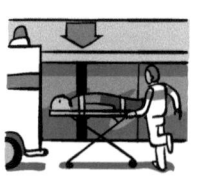

Notaufnahme
急診室

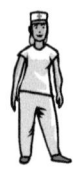

Krankenschwester
護理師

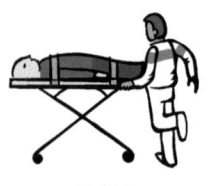

Notfall
緊急情形

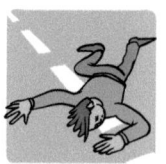

ohnmächtig
昏迷

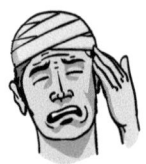

Schmerz
痛

Verletzung

受傷

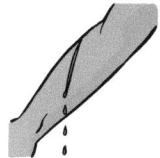

Blutung

出血

Herzinfarkt

心臟病發作

Schlaganfall

中風

Allergie

過敏

Husten

咳嗽

Fieber

發燒

Grippe

流感

Durchfall

腹瀉

Kopfschmerzen

頭痛

Krebs

癌症

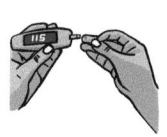

Diabetis

糖尿病

Chirurg

外科醫師

Skalpell

手術刀

Operation

手術

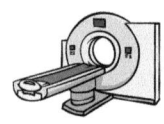

CT

電腦斷層掃描

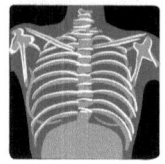

Röntgen

X光

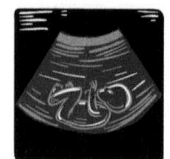

Ultraschall

超音波

Maske

口罩

Krankheit

疾病

Wartezimmer

候診室

Krücke

拐杖

Pflaster

石膏

Verband

繃帶

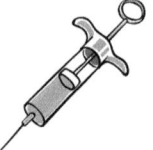

Injektion

注射

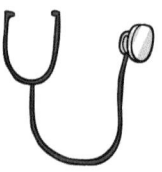

Stethoskop

聽診器

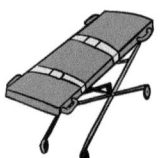

Trage

擔架

Thermometer

體溫計

Geburt

出生

Übergewicht

超重

Hörgerät

助聽器

Desinfektionsmittel

消毒液

Infektion

感染

Virus

病毒

HIV / AIDS

愛滋病

Medizin

藥物

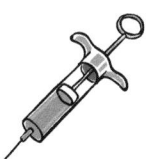

Impfung

接種疫苗

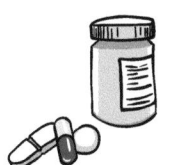

Tabletten

藥片

Pille

藥丸

Notruf

急救電話

Blutdruck-Messgerät

血壓計

krank / gesund

生病/健康

Hilfe!
救命！

Alarm
警報

Überfall
突擊

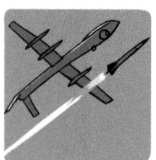

Angriff
攻擊

Gefahr
危險

Notausgang
緊急出口

Feuer!
失火了！

Feuerlöscher
滅火器

Unfall
意外

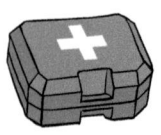

Erste-Hilfe-Koffer
急救箱

SOS
呼救訊號

Polizei
員警

Europa

歐洲

Nordamerika

北美洲

Südamerika

南美洲

Afrika

非洲

Asien

亞洲

Australien

澳洲

Atlantik

大西洋

Pazifik

太平洋

Indischer Ozean

印度洋

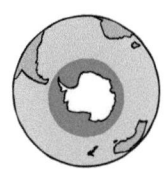

Antarktischer Ozean

南冰洋

Arktischer Ozean

北冰洋

Nordpol

北極

Südpol

南極

Antarktis

南極洲

Erde

地球

Land

陸地

Meer

海

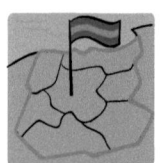

Insel

島

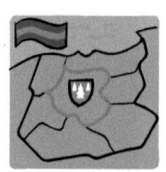

Nation

國家

Staat

州

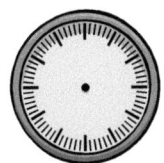

Zifferblatt

錶盤

Stundenzeiger

時針

Minutenzeiger

分針

Sekundenzeiger

秒針

Wie spät ist es?

現在幾點？

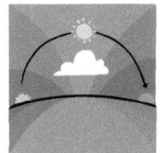

Tag

天

Zeit

時間

jetzt

現在

Digitaluhr

電子錶

Minute

分

Stunde

時

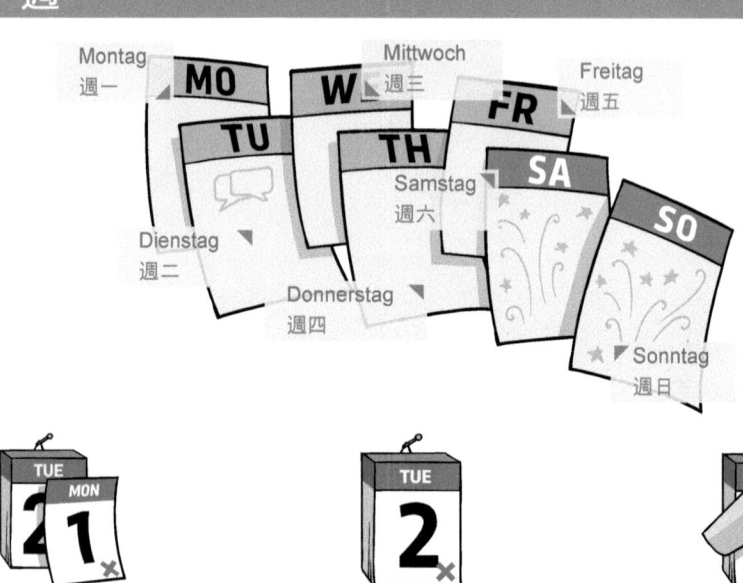

Montag 週一
Mittwoch 週三
Freitag 週五
Dienstag 週二
Donnerstag 週四
Samstag 週六
Sonntag 週日

gestern

昨天

heute

今天

morgen

明天

Morgen

早晨

Mittag

中午

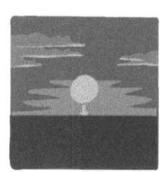

Abend

晚上

Arbeitstage

工作日

Wochenende

週末

Regen
雨

Frühling
春

Sommer
夏

Wind
風

Herbst
秋

Schnee
雪

Winter
冬

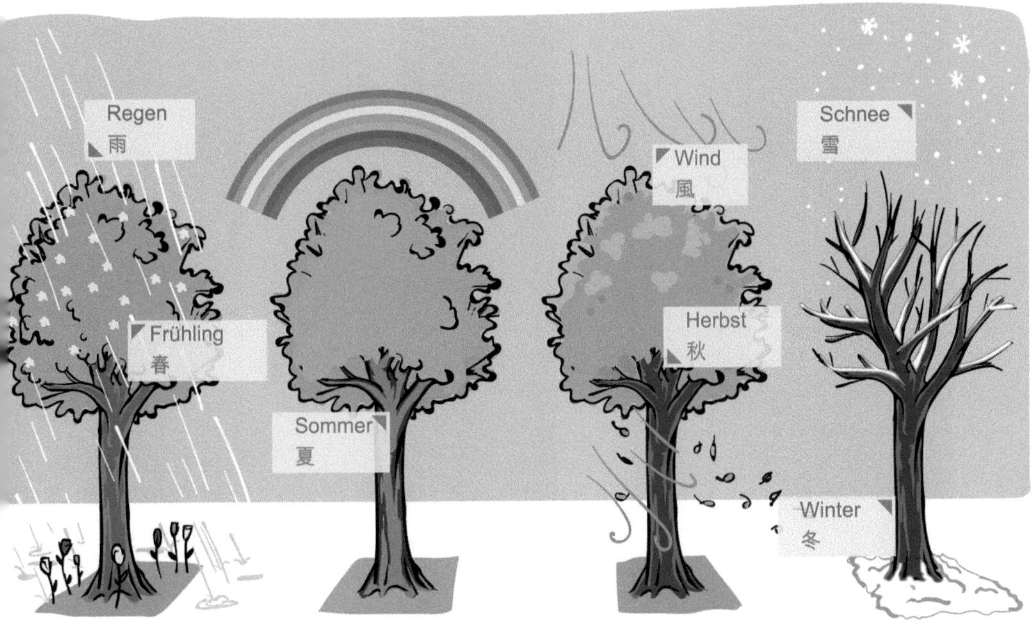

Wettervorhersage

天氣預告

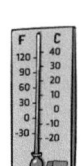

Thermometer

溫度計

Sonnenschein

陽光

Wolke

雲

Nebel

霧

Luftfeuchtigkeit

潮濕

Blitz

閃電

Donner

打雷

Sturm

風暴

Hagel

冰雹

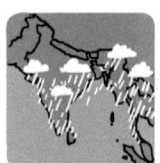

Monsun

季風

Flut

洪水

Eis

冰

Januar

一月

Februar

二月

März

三月

April

四月

Mai

五月

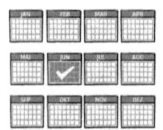

Juni

六月

Juli

七月

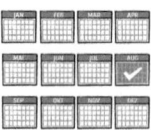

August

八月

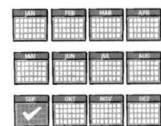

September

九月

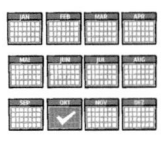

Oktober

十月

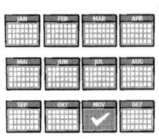

November

十一月

Dezember

十二月

Formen

形狀

Kreis

圓形

Quadrat

正方形

Rechteck

長方形

Dreieck

三角形

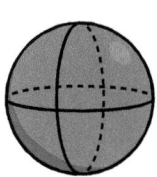

Kugel

球體

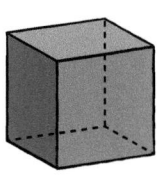

Würfel

立方體

Farben

顏色

weiß

白

gelb

黃

orange

橙

pink

粉

rot

紅

lila

紫

blau

藍

grün

綠

braun

棕

grau

灰

schwarz

黑

viel / wenig

很多/少許

wütend / friedlich

生氣/平靜

hübsch / hässlich

美/醜

Anfang / Ende

首/尾

groß / klein

大/小

hell / dunkel

明/暗

Bruder / Schwester

兄弟/姐妹

sauber / schmutzig

乾淨/骯髒

vollständig / unvollständig

完整/缺失

Tag / Nacht

白天/晚上

tot / lebendig

死/生

breit / schmal

寬/窄

genießbar / ungenießbar

可食用/非食用

böse / freundlich

邪惡/善良

aufgeregt / gelangweilt

興奮/無聊

dick / dünn

胖/瘦

zuerst / zuletzt

第一/最後

Freund / Feind

朋友/敵人

voll / leer

滿/空

hart / weich

硬/軟

schwer / leicht

重/輕

Hunger / Durst

餓/渴

krank / gesund

生病/健康

illegal / legal

非法/合法

intelligent / dumm

聰明/愚笨

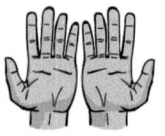

links / rechts

左/右

nah / fern

近/遠

neu / gebraucht

新/舊

nichts / etwas

沒有/有些

alt / jung

老/幼

an / aus

開/關

offen / geschlossen

打開/闔上

leise / laut

安靜/吵鬧

reich / arm

富/窮

richtig / falsch

對/錯

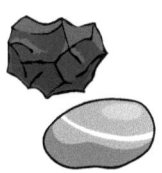

rau / glatt

粗糙/光滑

traurig / glücklich

傷心/高興

kurz / lang

短/長

langsam / schnell

慢/快

nass / trocken

濕/乾

warm / kühl

溫暖/涼爽

Krieg / Frieden

戰爭/和平

Zahlen
數字

0

null
零

1

eins
一

2

zwei
二

3

drei
三

4

vier
四

5

fünf
五

6

sechs
六

7

sieben
七

8

acht
八

9

neun
九

10

zehn
十

11

elf
十一

12
zwölf
十二

13
dreizehn
十三

14
vierzehn
十四

15
fünfzehn
十五

16
sechzehn
十六

17
siebzehn
十七

18
achtzehn
十八

19
neunzehn
十九

20
zwanzig
二十

100
hundert
百

1.000
tausend
千

1.000.000
million
百萬

Englisch

英語

Amerikanisches Englisch

美式英語

Chinesisch Mandarin

普通話

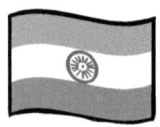

Hindi

印地語

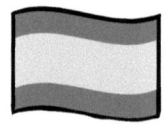

Spanisch

西班牙語

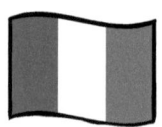

Französisch

法語

Arabisch

阿拉伯語

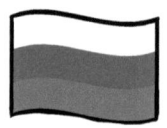

Russisch

俄語

Portugiesisch

葡萄牙語

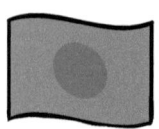

Bengalisch

孟加拉語

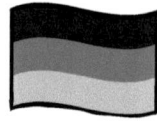

Deutsch

德語

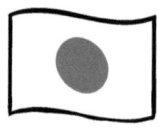

Japanisch

日語

ich
我

du
你

er / sie / es
他/她/它

wir
我們

ihr
你們

sie
他們

wer?
誰？

was?
什麼？

wie?
如何？

wo?
何處？

wann?
何時？

Name
名字

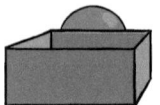

hinter

後面

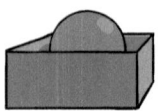

in

裡面

vor

前面

über

上方

auf

上面

unter

下麵

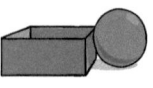

neben

旁邊

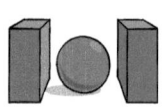

zwischen

中間

Ort

地點